BEI GRIN MACHT SICH IHR WISSEN BEZAHLT

- Wir veröffentlichen Ihre Hausarbeit, Bachelor- und Masterarbeit

- Ihr eigenes eBook und Buch - weltweit in allen wichtigen Shops

- Verdienen Sie an jedem Verkauf

Jetzt bei www.GRIN.com hochladen und kostenlos publizieren

Bibliografische Information der Deutschen Nationalbibliothek:

Die Deutsche Bibliothek verzeichnet diese Publikation in der Deutschen Nationalbibliografie; detaillierte bibliografische Daten sind im Internet über http://dnb.d-nb.de/ abrufbar.

Dieses Werk sowie alle darin enthaltenen einzelnen Beiträge und Abbildungen sind urheberrechtlich geschützt. Jede Verwertung, die nicht ausdrücklich vom Urheberrechtsschutz zugelassen ist, bedarf der vorherigen Zustimmung des Verlages. Das gilt insbesondere für Vervielfältigungen, Bearbeitungen, Übersetzungen, Mikroverfilmungen, Auswertungen durch Datenbanken und für die Einspeicherung und Verarbeitung in elektronische Systeme. Alle Rechte, auch die des auszugsweisen Nachdrucks, der fotomechanischen Wiedergabe (einschließlich Mikrokopie) sowie der Auswertung durch Datenbanken oder ähnliche Einrichtungen, vorbehalten.

Impressum:

Copyright © 2015 GRIN Verlag, Open Publishing GmbH
Druck und Bindung: Books on Demand GmbH, Norderstedt Germany
ISBN: 9783668428942

Dieses Buch bei GRIN:

http://www.grin.com/de/e-book/356656/gesund-durch-musik-und-bewegung

Nadja Ksiazek

Gesund durch Musik und Bewegung

GRIN Verlag

GRIN - Your knowledge has value

Der GRIN Verlag publiziert seit 1998 wissenschaftliche Arbeiten von Studenten, Hochschullehrern und anderen Akademikern als eBook und gedrucktes Buch. Die Verlagswebsite www.grin.com ist die ideale Plattform zur Veröffentlichung von Hausarbeiten, Abschlussarbeiten, wissenschaftlichen Aufsätzen, Dissertationen und Fachbüchern.

Besuchen Sie uns im Internet:

http://www.grin.com/

http://www.facebook.com/grincom

http://www.twitter.com/grin_com

Inhaltsverzeichnis

1. Einleitung..2
2. Theoretische Grundlagen..3
    2.1 Durch Bewegung gezielt Lernen aus medizinisch - wissenschaftlicher Sicht...............3
    2.2 Lernen bestimmter Fähigkeiten durch den Basketball.....................................3
    2.3 Grundlagen zu den Basketballübungen..5
        2.3.1 Wurf..5
        2.3.2 Dribbeln..5
        2.3.3 Passen...5
        2.3.4 Korbleger..6
3. Methodik und Didaktik..6
    3.1 Vorbereitung..6
    3.2 Organisation & Vorüberlegungen...7
    3.3 Stundengestaltung...8
4. Durchführung der Bewegungsstunde...8
    4.1 Einleitung..8
    4.2 Hauptteil (durchgeführter Teil)...9
    4.3 Schlussteil...10
5. Reflexion des durchgeführten Hauptteils...11
6. Literaturverzeichnis..12

1. Einleitung

Bereits Kinder und Jugendliche können unter einem bewegungsunförderlichen Alltag leiden. Durch neue Konzepte wie beispielsweise Ganztagsschulen in Deutschland befinden sie sich eine geraume Zeit in Bildungseinrichtungen, wo die Gefahr besteht, dass Bewegung im alltäglichen Leben zu kurz kommt. Es ist daher wichtig, dass sich pädagogische Fachkräfte in den jeweiligen Einrichtungen um eine ausreichende Gesundheitsprävention bemühen und Kinder entsprechend altersgerecht fördern, damit ihnen das leidige Thema Übergewicht und Adipositas in der Kindheit und im späteren Leben erspart bleibt. Wichtig hierbei ist es, dass sowohl Kindheitspädagogen, als auch Erzieher und Lehrkräfte zukünftig eine Vorbildfunktion abgeben und entsprechende Angebote für Kinder und Jugendliche aufnehmen, die zu einer gesunden Lebensführung beitragen. Dabei sollen die Interessen der Kinder berücksichtigt und fortlaufende Kontinuität gegeben werden, damit die Projekte erfolgreich zur Verhinderung und gegeben falls Bekämpfung von Übergewicht und Adipositas dienen. Spaß soll dabei immer im Vordergrund stehen, damit Kinder die Lust an Bewegung entwickeln und sie mit der Zeit nicht verlieren. Die folgende Studienarbeit handelt von einer konzipierten Bewegungsstunde im Rahmen des Studiums der Kindheitspädagogik (B.A) an der SRH Hochschule Heidelberg im Modul 9 - Gesund durch Musik und Bewegung. Die Übungsstunde von Christina Vogel, Vural Eroglu, Pegah Yadegar und der Autorin selbst trägt den folgenden Titel : „Spielerische Übungen zur Förderung von koordinativen Fähigkeiten durch Ball – Spielerischer Einstieg in den Basketball". Basketball eignet sich hervorragend für Mädchen, als auch Jungen. Die Ballsport spricht beide Geschlechter gleichermaßen an. Zuerst werden theoretische Grundlagen zur Sportart und zur altersgerechten Bewegungsförderung in dem Bereich erläutert, danach beschreibt die Autorin wie sie methodisch und didaktisch bei der Bewegungsstunde vorgeht. Ebenfalls werden Einblicke in die Organisation der durchgeführten Stunde in der Sporthalle des SRH Campus festgehalten und im späteren Verlauf reflektiert. Die Reflexion ist ein wichtiger Bestandteil, um die eigenen Eindrücke und Erfahrungen bewerten zu können und zukünftig bei der Thematik der Gesundheitsförderung bzw. Gesundheitsprävention ein professionelles pädagogisches Handeln besonders von Kindheitspädagogen zu erwarten.

2. Theoretische Grundlagen

2.1 Durch Bewegung gezielt Lernen aus medizinisch - wissenschaftlicher Sicht

Unser Nervensystem ist sehr facettenreich. Es passt sich seit Jahrzehnten der Umwelt an und lernt fortlaufend durch Interaktion mit der Welt dazu. Es wird beschrieben als ein dynamisches System. Es verändert sich lt. Hannaford ständig und besitzt die Fähigkeit sich sogar selbst zu organisieren. Was die meisten Menschen als lebenslanges Lernen bezeichnen, begründen Wissenschaftler damit, dass neurale Verbindungen uns immer wieder eine passende Antwort als Lebenserfahrung mitgeben. Bereits ab Geburt besitzt der Mensch eine umfangreiche Ausstattung von Neuronen. Auch, wenn die Genetik unterschiedlich sein mag, benötigen alle Menschen die gleichen Notwendigkeiten zur Weiterentwicklung. Damit sind beispielsweise Nahrung, Reize, Sauerstoff und Bewegung gemeint. Die Potentiale, die in uns Menschen bereits ab früher Kindheit stecken werden aber nicht gleichermaßen von jedem genutzt und dementsprechend nicht ausreichend ausgeschöpft. (Vgl. Hannaford, 2004)

2.2 Lernen bestimmter Fähigkeiten durch den Basketball

Im Basketball bzw. durch eine Mannschaftssportart können im Allgemeinen viele unterschiedliche Fähigkeiten gleichzeitig erlernt und gefördert werden. Die Sportart gehört neben Fußball, Volleyball und Leichtathletik möglicherweise auch zu den beliebtesten Sportaktivitäten, die in deutschen Vereinen angeboten werden. Das Angebot ist für Mädchen, als auch für Jungen sehr attraktiv. Durch die Mannschaftssportart erhalten Kinder und Jugendliche die Möglichkeit, ein positives Selbstkonzept von sich aufzustellen. Ebenso werden die Gruppenfähigkeit und soziale Fähigkeiten nach und nach gestärkt. Die Kinder lernen, in dem sie mit anderen Kindern zusammen spielen ein Verantwortungsgefühl für sich selbst und andere Menschen zu übernehmen und werden dadurch selbständiger. Nicht nur körperliche Fähigkeiten werden geschult, auch die geistigen Fähigkeiten im Allgemeinen werden besser beispielsweise die Konzentrationsfähigkeit in der Schule. Menschen, die kontinuierlich sportlich aktiv sind, haben ebenso eine höhere Lernbereitschaft. (Schneider, 2015)

Wer sich tiefer gehend mit der Thematik beschäftigt, welche koordinativen Fähigkeiten beim Basketball verlangt bzw. gefördert werden stellt schnell fest, dass es zahlreiche wichtige Fähigkeiten sind. Diese sieben Fähigkeiten werden lt. (Schneider, 2015) folgendermaßen definiert:

Reaktionsfähigkeit

„Schnellstmöglich auf bestimmte Signale hin zweckmäßige Bewegungsaktionen einzuleiten und auszuführen."

Differenzierungsfähigkeit

„Feinabstimmung einzelner Teilkörperbewegungen und Bewegungsphasen im gesamten Bewegungsvollzug."

Umstellungsfähigkeit

„Anpassen oder umstellen auf plötzlich auftretende Situationsveränderungen."

Kopplungsfähigkeit

„Einzelbewegungen und Teilkörperbewegungen zur Lösung einer Bewegungsaufgabe zu einer Ganzkörperbewegung verbinden."

Antizipationsfähigkeit

„Fähigkeit, künftige Situationen zu erahnen und sich darauf einzustellen."

Orientierungsfähigkeit

„Lage und Bewegung des Körpers in Raum und Zeit bestimmen und verändern."

Rhythmisierungsfähigkeit

„ den dynamischen Verlauf einer Bewegung erfassen und nachvollziehen."

2.3 Grundlagen zu den Basketballübungen

2.3.1 Wurf

Beim Wurf kommt es vor allem auf die Technik an. Um einen guten Wurf auszuüben, benötigt der Werfende theoretisches Vorwissen. Als erstes geht diejenige Person in eine ‚Ready-Position. Solch eine Position wird dann erreicht, wenn die Fußspitzen zum Korb zeigen. Des weiteren ist zu empfehlen die Knie 120 Grad zu beugen. Die Fußstellung ist hierbei schulterbreit. Der Wurf ist in der Regel einhändig. Der Ball liegt dabei fest auf den ganzen Fingern der Wurfhand und nicht auf der Handfläche. Der Werfer sieht den Ball in jeder Phase des Wurfs, schaut aber immer beim Wurf gezielt auf den Korb. Der Wurfarm wird völlig gestreckt. Das bedeutet, dass der Ellenbogen einrastet. Nach dem durchgeführten Wurf bleibt Wurfarm- und Hand in Endposition, d.h. sie zeigen zum Korb, bis der Ball am oder im Korb ist. Zu beachten ist, dass die Kraft für den Wurf aus den Beinen kommt. Die Präzision[1] kommt danach aus Arm, Handgelenk und den Fingern. (Mullin et al.2005)

2.3.2 Dribbeln

Im Allgemeinen ist „Dribbeln" die Bezeichnung für die Ballführung in vielen Ballsportarten, so auch im Basketball. Ein häufig benutztes Synonym ist hierfür das Prellen. Nach Aufnahme eines Balls sind zwei Schritte erlaubt. Das Prellen dient hierbei als Fortbewegungsmittel. (Mullin et al.2005)

2.3.3 Passen

Grundsätzlich gibt es zwei Passarten. Zu unterscheiden ist der Druckpass und der Bodenpass. Als erstes lernen die Kinder eine richtige Grundstellung. Ohne eine geeignete Grundstellung kann das Passen misslingen. Dazu befinden sich nicht nur Oberkörper in leichter Beugung, sondern ebenfalls die Knie. Empfehlenswert ist es beim Druckpass, einen Fuß etwas vorzustellen, damit ein fester Stand besteht. Somit wird die Fall- und Verletzungsgefahr in der Regel verhindert. Der Ball wird auf Brusthöhe vor dem Körper festgehalten. Alle Finger befinden sich hinter dem Ball. Beim Pass erfolgt eine schnelle Streckung der Arme und Finger. Zum Schluss passiert eine Abklappbewegung mit den Zeigefingern. Nach dem Abklappen zeigen die Handflächen nach außen. Der Ball soll einen geraden Flug aufweisen

---

1 Genauigkeit (Schülerduden, 6. Auflage)

und in Brusthöhe des Partners landen. Beim Bodenpass wird in der Passphase die Hüfte nach vorne gebeugt. Der wesentliche Unterschied liegt darin, dass der Ball ungefähr einen Meter vor den Füßen des Übungspartners landet. (Deutscher Basketballbund, 2013)

2.3.4 Korbleger

Der Korbleger gehört zu den Grundwürfen im Basketball. Besonders geeignet ist er dann, wenn der Weg zum Korb frei ist. Durch die geringe Entfernung zum Korb haben auch ungeübte Personen die Chance, einen Treffer zu erzielen. Gerade der Korbleger eignet sich für Anfänger und Kinder, doch auch Profispieler verzichten nicht gerne auf ihn. Der Wurf geschieht hierbei immer mit einer Hand. Man bezeichnet ihn daher als einhändigen Wurf. Er erfolgt aus einer horizontalen Bewegung heraus, nach einbeinigem Absprung.. Die Entfernung liegt hierbei in der Regel meistens bei eins bis zwei Metern. Es gibt drei verschiedene Arten von Korblegern. Die bekannteste Art ist hierbei der Druckkorbleger. Kinder und Anfänger erlernen ihn besonders schnell. Dabei wird eine Armbewegung durchgeführt, bei der der Ball nach drei Schritten über die Stirn genommen und anschließend der Arm gestreckt wird. Zuletzt klappt das Handgelenk ab. (Mullin et al ,2005)

3. Methodik und Didaktik

3.1 Vorbereitung

Um eine erfolgreiche Bewegungsstunde für Kinder und Jugendliche anbieten zu können, muss sie vorerst sorgfältig konzipiert werden. Das Interesse zu Ballsportarten bringt die gesamte Gruppe der Studierenden bereits mit. Jeder mitwirkende Studierende hat nochmals Recherche betrieben und sich informiert, worauf es beim Korbleger, Dribbling, Wurf und Passen ankommt bzw. auch über die allgemeinen Regeln beim Basketballspiel. Eine wichtige Rolle spielt genauso das didaktische Theoriewissen, um eine erfolgreiche Stunde anleiten zu können. Didaktik und Methodik unterscheiden sich. Während die Didaktik sich mit den Fragen befasst, was gelehrt und beigebracht wird, beschäftigt sich die Methodik damit, wie etwas umgesetzt wird. Bei der Vorbereitung wird nicht nur die Frage nach dem Inhalt geklärt, sondern auch, wie der Inhalt vermittelt wird. (Vgl. Yank et al.1991) Diejenige Person, die es sich zum Ziel gesetzt hat Sport als pädagogisches Mittel zu benutzen, muss sich im Vorfeld grundsätzliche Fragen zum Thema stellen. Beispielsweise, ob Kinder oder Jugendliche bereits positive oder negative Eindrücke durch Bewegung erhalten haben. Ebenfalls ist es wichtig frühzeitig herauszufinden, welche persönliche Interessen in der Gruppe herrschen und welche Sportarten oder Übungen für das entsprechende Alter attraktiv sein können. Die leitende Person hat Fachwissen darüber, welche Intentionen durch Sport zustande kommen. Sport verfolgt allgemein positive Aspekte. Beispielsweise lernt man durch den Sport nicht nur neue motorische, sportliche und körperliche Kompetenzen kennen. Durch das Betreiben einer oder mehrerer Sportarten erfahren Heranwachsende ebenfalls neue soziale und ästhetische Erlebnisse (Vgl. Dräbing, 2006)

3.2 Organisation & Vorüberlegungen

Vor jeder geplanten Sportstunde wird ein entsprechender Sportraum oder ein Außengelände organisiert bzw. gebucht. Ein wichtiges Kriterium ist dabei die aktuelle jeweilige Jahreszeit. Für die Basketballstunde werden diverse Materialien benötigt. Zur Aufwärmung ist ein Musikplayer notwendig. Es werden zunächst genauso viele Reifen benötigt, wie Personen an den Übungen teilnehmen. Für die Hauptübungen (Stationsbetrieb) wird eine ganze Sporthalle oder ein Gelände benötigt, wo mindestens zwei Basketballkörbe montiert sind. Zusätzlich sind für den Hauptteil ungefähr fünf bis sechs Hütchen zu besorgen. Für den Schlussteil benötigt die Gruppe weiche Matten. Jede Person sollte eine eigene Matte mitbringen, auf der sie ein mitgebrachtes Handtuch positioniert. Bei den Übungen können ungefähr 25 Teilnehmer mitmachen. Die Gruppe soll dabei eine Klassengröße nicht überschreiten. Basketball eignet sich grundsätzlich für Kinder ab dem siebten Lebensjahr, denn ab diesem Zeitpunkt haben die Kinder die meisten motorischen Grundformen bereits erlernt. Zu den motorischen Grundformen gehören beispielsweise ab Schuleinstieg zielgerichtetes Werfen (großer Ball), freies Fangen, laufend Balancieren (10 cm breit), Laufen und Klettern in Kombination, Laufen und Springen in Kombination, Rolle vorwärts in den Stand. Je älter die Kinder, desto besser beherrschen sie die Grundformen. Das Grundschulalter eignet sich daher besonders, um spielerisch ins Basketball einzusteigen, da die Bewegungen im Basketball für die Kinder auch mental und physisch machbar sind. Die Übungen im einen hohen Wiederholungscharakter besitzen. Um eine altersgerechte Förderung bieten zu können, eignen sich die spielerischen Übungen der Bewegungsstunde deshalb nicht für Kindergartenkinder. Das ist damit begründet, dass diese Kindergruppe die im Kapitel erwähnten motorischen Fähigkeiten vor dem siebten Lebensjahr noch nicht mitbringen. Die Übungen sind damit für kleine Altersgruppen nicht ausführbar. (Schneider, 2015)

3.3 Stundengestaltung

Das Besondere an der Bewegungsstunde ist, dass im Hauptteil sowohl Partner- als auch Einzelübungen als Stationen angeboten werden. Der Stationsbetrieb ermöglicht völlig neue Bewegungserfahrungen für Kinder. Je nach zeitlichen Rahmenbedingungen eignet sich ein anschließendes Basketballspiel, um die erlernten Grundtechniken direkt anzuwenden. Die Übungen eignen sich sowohl für die Kinder, die bereits Basketball spielen, als auch für Anfänger. Der Schwierigkeitsgrad kann von Kind zu Kind variiert werden. Bei jeder Übung gibt es grundsätzlich einfache und schwierigere Varianten.

4. Durchführung der Bewegungsstunde

4.1 Einleitung

Für den Einstieg sind 15 Minuten vorgesehen. Zuerst bildet die gesamte Gruppe einen Stehkreis. Im Stehkreis wird die Bewegungsstunde kurz besprochen. Außerdem erfolgt zu Anfang der Stunde die Gruppeneinteilung für die Hauptstunde. Die Kinder zählen im Kreis von eins bis vier durch. Somit entstehen vier gleichmäßig große Gruppen für die späteren Stationen.

Der Einstieg trägt den Namen: „Spielerischer Einstieg ins Basketball". Als erstes werden genauso viele Reifen, wie Teilnehmer mitmachen in der Halle verteilt. Dazu wird bewegungsanimierende Musik nach Wahl gespielt. In der Zeit, wo Musik läuft, rennen die Teilnehmer im Raum hin und her. Sobald die Musik endet, muss jede mitspielende Person einen freien Reifen finden und sich rein stellen. In jeden Reifen darf sich nur ein Teilnehmer stellen. Bei der ersten Runde findet jeder einen Reifen. Bei jeder weiteren Runde wird jedoch ein Reifen entfernt, sodass immer ein Kind oder Erwachsener mehr ist als Reifen vorhanden sind. Die Person, welche keinen Reifen findet, ist aus dem Spiel raus und verlässt das Spielfeld. Das Spiel geht so lange, bis nur noch ein Kind oder Erwachsener in einem Reifen übrig bleibt. Derjenige hat das Spiel gewonnen. Nach dem Spiel werden mit der gesamten Gruppe Dehnübungen durchgeführt. Ziel der gesamten Einleitung ist, dass der gesamte Muskelapparat aufgewärmt wird und die Sehnen und Bänder ausreichend gedehnt sind. Bei Kindern reicht ein kurzes Aufwärmen und Dehnen, bei Erwachsenen ist diese Phase deutlich wichtiger. Da die Bewegungsstunde für Kinder und Jugendliche konzipiert ist, reicht hier ein Aufwärmspiel.

4.2 Hauptteil (durchgeführter Teil)

Für den Hauptteil werden 30 Minuten benötigt. Dieser Teil ist als Vorleistung erbracht. Hierbei handelt es sich um einen Stationsbetrieb. Das bedeutet, dass in einer vorgegebenen Zeit die Stationen bzw. Übungen mit einem vorgegebenem Wechsel durchgeführt werden. Pro Station hat jedes Kind oder Jugendlicher fünf Minuten Zeit, um intensiv zu üben. Jede Station wird vorher von der Praxisanleitung einmal vorgezeigt.

Die erste Station lautet „Dribbeln". Vor dem Beginn der Übung werden mindestens fünf Hütchen mit dem gleichen Abstand aufgestellt. Hierbei schulen die Kinder ihre Orientierungsfähigkeit, Rhythmisierungsfähigkeit, aber auch Differenzierungsfähigkeit . Rechtshänder fangen mit der rechten Hand an zu üben. Nach ungefähr der Hälfte der Zeit (2,5 Minuten) soll die linke Hand zur Abwechslung eingesetzt werden. Bei einer größeren Gruppe können mehrere Reihen mit Hütchen parallel aufgebaut werden. Kinder, die bereits sehr geübt sind, können alternativ die gleiche Übung mit Rückwärtslauf versuchen. Pro Station sind maximal drei bis vier Teilnehmer vorgesehen, damit die Wartezeit recht kurz ist. Die Personen stellen sich in einer Reihe auf und warten, bis sie dran sind. (Genauere Erläuterung siehe bei 2.3.2).

Die zweite Station ist der Korbleger. Hier wird vor allem die Koordination der Person geschult. Das Kind erhält sowohl von der rechten, als auch von der linken Seite des Korbs die Chance den Korbleger zu üben. Entsprechend sind zwei Hütchen positioniert, damit der Anfang bekannt ist. Die Station ist für zwei bis sechs Personen vorgesehen. Hierbei beachtet die Praxisanleitung, dass die ausführende Person von der rechten Seite mit dem linken Fuß und von der linken Seite mit dem rechten Fuß beginnt. Wer von der rechten Seite wirft, stellt sich danach auf die andere Seite und übt weiter. So entsteht ein stets diagonaler Wechsel. (Genauere Erläuterung siehe bei Punkt 2.3.4).

Bei der dritten Station passen sich zwei Personen gegenseitig den Basketball zu. Bei dieser Station geht es vor allem um die eigene Kraft und Reaktionsfähigkeit, die sich durch die

Übung verbessern kann. Für diese Station werden keine zusätzliche Materialien außer drei bis vier Basketbälle benötigt und es gibt keine Vorbereitungsdauer. Es ist lediglich vorgesehen, dass sich zwei Personen zusammen finden mit jeweils einem Basketball. Diese Station ist keine Einzelübung, wie die vorherigen Stationen. Es dürfen sich an der Station jeweils zwei bis sechs Personen gleichzeitig befinden. Die jeweilige Praxisanleitung zeigt vor, wie richtiges Passen funktioniert. Es ist wichtig, dass beide Hände im Einsatz sind. Die Entfernung kann zwischendurch variiert werden. So erhalten die Kinder und Jugendlichen ein Gespür über den eigenen Krafteinsatz. (Genauere Erläuterung siehe bei Punkt 2.3.3).

Die letzte Station im Hauptteil ist der Wurf. Beim Wurf geht um Kraft und um die Orientierungsfähigkeit bzw. die richtige Distanzeinschätzung. Jedes Kind soll für sich selbst herausfinden, wie weit es werfen kann. Auch beim Wurf fällt die Vorbereitung zur Station gering aus. Bei einer Klassengröße sollen maximal vier bis fünf Personen in einer Reihe stehen, damit der Wurf so oft wie möglich in den fünf Minuten geübt wird.

4.3 Schlussteil

Beim Schluss soll die Entspannung eintreten, der sogenannte „Cooldown" im Sport. Ziel ist es, den Puls runter fahren zu dürfen und zu realisieren, dass die Bewegungsstunde langsam aber sicher ein Ende nimmt. Für diesen Teil sind 15 Minuten vorgesehen. Die Entspannung wird durch eine Geschichte erreicht. Es gibt einen Erzähler, der eine Fantasiegeschichte nach Wahl laut und deutlich mit angenehmer Stimmlage entweder frei erzählt, oder vorliest. Für den Entspannungsteil können die, die mitmachen ihre Schuhe ausziehen und sich bequem auf eine mitgebrachte Matte auf den Rücken legen. Auf der Matte soll ein eigenes Handtuch positioniert werden. Das ist sinnvoll, da die meisten Teilnehmer bei den Übungen ins Schwitzen kommen. Bei der Entspannung dürfen die Augen geschlossen sein. Bei der Entspannung werden oft Anspannungsübungen eingebaut. Beispielsweise soll ein Kind für ein paar Sekunden so fest wie es nur geht, beispielsweise den Bauch anspannen und wieder loslassen. Durch die Anspannung erfolgt eine wohlige Körperentspannung.

5. Reflexion des durchgeführten Hauptteils

Die Sportstunde ist im Großen und Ganzen rückblickend positiv zu bewerten. Grundsätzlich ist festzuhalten, dass fünf Minuten pro Station ausreichen, gegebenenfalls auch kürzer sein können. Bei jeder Station animiert passende Musik zusätzlich zur Bewegung. Musik ist bei Sporttätigkeiten sehr förderlich, besonders bei Übungen. Sie motiviert und setzt positive Glücksgefühle frei. Die Übungen überfordern die Studierenden nicht. Zu kritisieren ist, dass die falsche Zielgruppe beim Praxisversuch teilgenommen hat. Bei der vorbereiteten Sportstunde ist es nicht möglich festzustellen, ob die Übungen für Kinder zwischen 10 und 12 Jahren tatsächlich geeignet und verständlich gestellt sind. Ebenso kann in dem Fall nicht beurteilt werden, ob die Zeit für Kinder ausreicht oder sogar zu kurz ist. Für die Basketballeinführung wird wenig Material benötigt und der Aufbau des Stationsbetriebes gestaltet sich schnell und einfach. Das Erklären der entsprechenden Stationen hat bei Studierenden nur wenige Minuten gedauert. Erwachsene Teilnehmer kennen die Grundlagen höchstwahrscheinlich und sind mit dem Basketball schon in Berührung gekommen. Bei Minderjährigen kann das nicht der Fall sein, deswegen ist es wichtig sich entsprechend viel Zeit zu nehmen und sich darauf einzustellen, dass 25 Minuten nicht reichen, um die Übungen ausführlich genug vorzuzeigen und anschließend zu üben. Bei dem durchgeführten Hauptteil werden grundsätzlich nur die Grundlagen des Basketball gezeigt. Die Zielgruppe sind daher Anfänger. Für Fortgeschrittene eignen sich die Übungen lediglich als kurze Wiederholung und nicht als Hauptübungen, sie können jedoch schwieriger und präziser gestaltet werden. Die Stationen bieten zusätzlich ausreichende Abwechslung und sind nicht eintönig. Sie eignen sich auch für zuhause. Das Meiste kann mit einem Basketball alleine geübt werden, lediglich für das Passen wird ein Partner benötigt. Die Sportart Basketball ist eine kostengünstige Sportart und der Einstieg eignet sich ab der Grundschulzeit. Generell eignet sich die Bewegungsstunde als Einstiegsstunde und ist zukünftig sehr empfehlenswert.

6. Literaturverzeichnis

Bücher

Hannaford, C.(2004).Bewegung das Tor zum Lernen. Kirchzarten bei Freiburg: VAK Verlag

Mullin, C et al. (2005). Basketball. Dorling Kindersley

Schülerduden für Rechtschreibung und Wortkunde. (2001), 6. Auflage Mannheim. Leipzig. Wien.Zürich: Dudenverlag

Yank, et al .(1991). Didaktische Modelle. Frankfurt am Main: Cornelsen Skriptor

Elektronische Medien

Stundenbilder 3x3 Basketball.(2013) Infoheft. verfügbar unter: http://www.basketball-bund.de/wp-content/uploads/UE-06-Passen-Fangen-1-Technikerwerb.pdf.
Zugriff am 23.02.2015

Vorlesungen SRH Hochschule Heidelberg
(Kindheitspädagogik B.A, Modul 9- Gesund durch Musik und Bewegung)

Skript 9.2.2.3, Schneider. A vom 21.01.15
Koordinative Fähigkeiten - Beispiele und Fördermöglichkeiten

Skript 9.2.1, Schneider. A vom 12.01.15
Motorische Entwicklung

Skript 9.2.2, Schneider. A vom 13.01.15
Motorische Grundformen und motorische Fähigkeiten

9.3.1.1 Arbeitsblatt, Schneider A. Vom 14.01.15
Stundenplanung (Lehrprobe)

BEI GRIN MACHT SICH IHR WISSEN BEZAHLT

- Wir veröffentlichen Ihre Hausarbeit, Bachelor- und Masterarbeit

- Ihr eigenes eBook und Buch - weltweit in allen wichtigen Shops

- Verdienen Sie an jedem Verkauf

Jetzt bei www.GRIN.com hochladen und kostenlos publizieren